ALICE LE GUIFFANT & L … RD

Das kleine Übungsheft

Ausmisten und wieder durchatmen

Aus dem Französischen von
Claudia Seele-Nyima

Illustrationen von Jean Augagneur

TRINITY

Über die Autorinnen

Alice Le Guiffant studierte Französisch und Englisch und ist hauptberuflich als Lehrerin tätig. Die zweifache Mutter beschäftigt sich seit mehreren Jahren intensiv mit ökologischen Fragen sowie der Dynamik von familiären Beziehungen. Darüber hinaus leitet sie Workshops für Gewaltfreie Kommunikation® und schreibt Blogs zu Verbraucherthemen.

Laurence Paré arbeitete nach einem Literaturstudium einige Jahre im Marketing, ehe sie ihre Studien fortsetzte, um Lehrerin zu werden. Sie verfasst regelmäßig Artikel für Zeitschriften, ist Koautorin verschiedener Bücher und engagiert sich für alternative Bildungsansätze und im Umweltschutz. Auch sie ist Mutter von zwei Kindern.

Die Originalausgabe ist erstmals 2009 bei Éditions Jouvence erschienen.

www.editions-jouvence.de
info@editions-jouvence.de

2. Auflage 2013

Umschlaggestaltung: Guter Punkt, München
Satz: Veronika Preisler, München
Druck und Bindung: Pustet, Regensburg
ISBN 978-3-941837-71-3

Haben Sie oft das Gefühl, mit Dingen überhäuft zu sein?

Glauben Sie manchmal, dass Sie von allem zu viel haben?

Fragen Sie sich, ob all Ihre Besitztümer nicht zu viel Zeit, Geld und Platz in Anspruch nehmen?

Aber Sie wissen nicht, was Sie dagegen tun sollen?

Seien Sie unbesorgt!

Dieses kleine Heft wird Ihnen beim Ausmisten und beim Nachdenken über Ihr Konsumverhalten zur Seite stehen – mit praktischen und konkreten Übungen. Am Ende der Reise werden Sie sich um einiges leichter fühlen!

Das Heft ist nur für Ihren persönlichen Gebrauch bestimmt:

Denn wenn die Gefahr besteht, dass es in die falschen Hände gerät, bringen Sie vielleicht nicht den Mut auf, vollkommen ehrlich zu sein!

Ausmisten und Freiräume schaffen – was heißt das eigentlich?

»Ausmisten, Steine aus dem Weg räumen – im weiteren Sinne schwingt in diesen Ausdrücken dasselbe mit: Blockaden und ›Stau-Räume‹ zu beseitigen oder aufzulösen.«

Steine, Trümmer und Gerümpel aus dem Weg räumen? Vielleicht ist Ihnen noch nicht klar, worauf wir hinauswollen, schließlich leben Sie ja nicht auf einer Baustelle!
Doch tatsächlich ist unser Alltag vollgestopft mit zahlreichen Gegenständen, Aufgaben und zu vielen Dingen, von denen wir abhängig sind. Wir sehen den Trümmerberg, der unser Leben jeden Tag ein bisschen mehr verschüttet, gar nicht mehr, denn wir haben uns nie wirklich Zeit genommen, ihn näher zu untersuchen – aber er ist hoch! Und genau wie in einer verstopften Straße, so verstopft auch dieser Haufen von Gegenständen und Aufgaben sehr wichtige Aspekte unseres Lebens und lässt die Werte, die uns wichtig sind, nicht mehr frei und leicht fließen.

Schreiben Sie auf jeden Stein der folgenden Abbildung, was Sie daran hindert, wichtige Aspekte Ihres Lebens zu befreien.

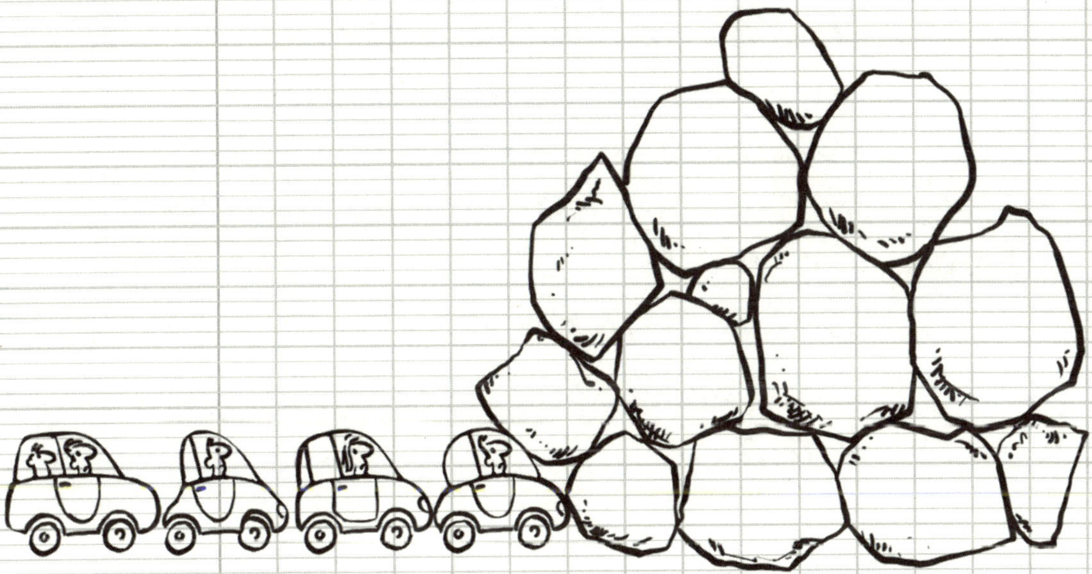

Ausmisten und freie Bahn schaffen ist ein bewusster, durchdachter Schritt, der dazu führt, dass Sie Ihre Überzeugungen und Ängste loslassen, auf Überflüssiges verzichten und jenen Dingen den Vorzug geben, die Ihnen wirklich wichtig sind. Es ist ein persönlicher Entwicklungsprozess, der Ihnen hilft, Ihr Leben zu vereinfachen und vor allem Ihre wahren Bedürfnisse einzuschätzen, damit Sie sich endlich voll verwirklichen können.

Es gibt weder eine gute oder schlechte Methode des Entrümpelns noch bestimmte Ziele, die erreicht werden müssten, außer denen, die Sie sich mit der Zeit selbst setzen werden. Ebenso wenig gibt es bestimmte Gegenstände, die Sie behalten oder wegwerfen müssen, denn nur Sie allein können beurteilen, welchen Nutzen Ihre Besitztümer haben.

Fangen wir an!

Wer an etwas **Überfülltes** denkt, hat dabei häufig materielle Dinge im Sinn. Es können aber viele Bereiche unseres Lebens verstopft sein!

Kreuzen Sie alles an, was Ihrer Meinung nach in Ihrem Leben vollgestopft ist. Vervollständigen Sie die Liste, falls nötig.

- ❏ Ihr Terminkalender
- ❏ Ihre Schränke, Ihr Haus, die Dinge, von denen Sie abhängig sind
- ❏ Ihr Adressbuch
- ❏ Ihre Mailbox
- ❏ Ihre Freizeit
- ❏ Ihr Büro oder Arbeitsplatz
- ❏ Ihr Anlagen- und Versicherungsportfolio
- ❏ Ihre Erinnerungen
- ❏ Ihre Familienbeziehungen

- ❏ Ihre sozialen Beziehungen
- ❏ Ihre Partnerschaft
- ❏ Ihr Gehirn
- ❏ Ihr Briefkasten
- ❏ Ihr Etui mit Kundenkarten
- ❏ Ihr Aschenbecher
- ❏ Ihr Kühlschrank oder Ihr Magen
- ❏ Ihr Berufsleben
- ❏ Ihre Abfalleimer
- ❏ …
- ❏ …

Das ist der Punkt, an dem Sie ansetzen können!

Achtung! Halten Sie das Ausmisten bloß nicht für eine Aufforderung, mit etwas Besteck und einem Paar Sandalen auskommen zu müssen! Nein, Sie brauchen jetzt nicht das Bild, das Ihre Schwester Ihnen geschenkt hat, unter dem Vorwand loszuwerden, dass es nicht Ihre grundlegenden körperlichen Bedürfnisse befriedigt. Ja, Sie dürfen dieses Buch behalten, das Sie nie lesen werden, und auch Ihre drei Fotoapparate, die Ihnen so wichtig sind. Dieses Heft will Ihnen nicht auflisten, was Sie behalten sollen oder nicht, sondern Ihnen helfen, **ganz bewusst und verantwortungsvoll darüber zu entscheiden.**

Wozu ist Ausmisten gut?

Man hat einen besseren Überblick über seine Besitztümer!

Könnten Sie etwa alles auflisten, was Sie besitzen? Ganz gewiss nicht! Wenn unsere Wohnung überquillt, wissen wir mitunter noch nicht einmal mehr, was wir schon besitzen, und kaufen Dinge doppelt.

Versuchen Sie, all Ihre Besitztümer auf einem Blatt Papier aufzulisten.

Man findet Dinge wieder!

Wenn Sie ordentlich ausgemistet haben, werden Sie feststellen, dass jeder Gegenstand leicht seinen Platz findet. Sie können dann Ihr Zuhause optimal aufräumen und organisieren, sodass Sie keine Zeit mehr darauf verwenden müssen, Ihre Sachen zu suchen. Viel weniger Stress!

Listen Sie hier die Dinge auf, die Sie am häufigsten suchen:

–

–

–

–

Man gewinnt Zeit und Energie!

Entrümpeln spart Zeit: Es erleichtert die Hausarbeit, und Sie müssen sich Ihrem Haushalt weniger oft und kürzere Zeit widmen. Denken Sie an all den Krimskrams, den Sie nicht mehr abstauben, all die Zeitschriften, die Sie nicht mehr ordnen, all die kleinen Möbelstücke und anderen Einrichtungsgegenstände auf dem Boden, die Sie nicht mehr zigmal pro Woche beim Staubsaugen oder Wischen hin- und herrücken müssen! Was für ein Zeit- und Energiegewinn!

Finden Sie in diesem Zimmer Ihre Steuererklärung, Ihre Schlüssel und Ihre gestreifte Socke!

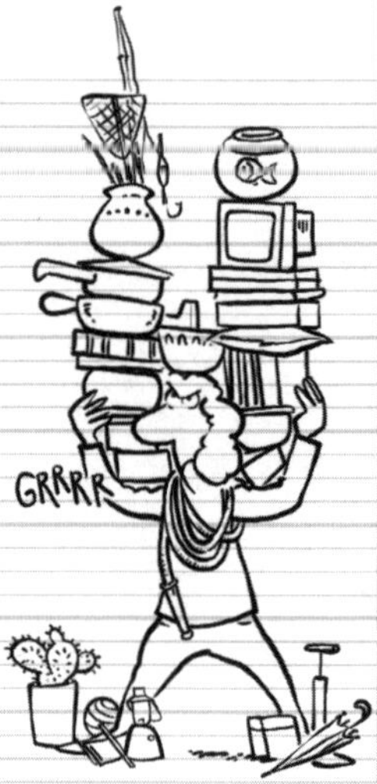

Schreiben Sie, ohne sich selbst zu zensieren, auf der rechten Seite alle Dinge – materielle und nicht materielle – auf, die Ihnen auf die Nerven gehen, Ihnen Energie rauben, Sie zornig machen. Wenn der Platz nicht reicht, nehmen Sie ein Blatt zur Hand und fahren Sie mit der Übung fort. Hier eine Liste, die keinen Anspruch auf Vollständigkeit erhebt und die Sie ab sofort nach Belieben ergänzen können:

- ❏ Haushalt
- ❏ Unordnung
- ❏ Papiere, die geordnet werden müssen
- ❏ Rechnungen, die erneut geschickt werden müssen
- ❏ Wäsche, die gewaschen, aufgehängt, gefaltet und eingeräumt werden muss
- ❏ die Steuererklärung
- ❏ Werbeprospekte, die aus dem Briefkasten quellen
- ❏ alles, was sich hinzieht
- ❏ ein überzogenes Konto
- ❏ abgenutzte oder kaputte Dinge
- ❏ ausgeliehene CDs, die man nicht zurückgeben kann, weil man nicht mehr weiß, wem sie gehören
- ❏ Müdigkeit, mangelnde Energie
- ❏ Zeitmangel

–

–

–

–

–

Wählen Sie aus Ihrer Liste die Probleme aus, die Sie angehen werden. Schreiben Sie auf jede Treppenstufe, was Sie diese Woche, diesen Monat, dieses Jahr in Angriff nehmen wollen.

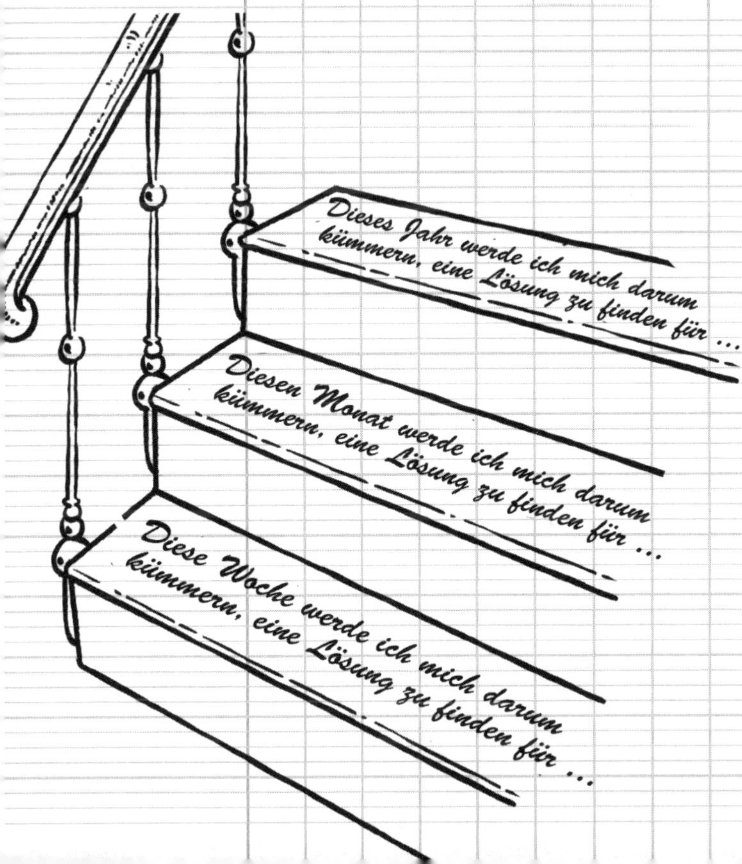

Wiederholen Sie die Übung, sooft Sie wollen.

Man kann umziehen!

Es gibt Leute, die beschließen nach dem Entrümpeln, dass sie nicht mehr so viel Platz zum Leben brauchen und sich lieber in einer kleineren Wohnung einrichten wollen. Oder aber sie kündigen die Garage oder Werkstatt, die sie für ihr Sammelsurium gemietet hatten. Stellen Sie sich vor, was für einen beträchtlichen Betrag Sie an Miete, bei der Rückzahlung eines Immobilienkredits oder an Versicherungen einsparen könnten, wenn Sie eine kleinere Wohnung hätten! Sie müssten dadurch nicht an Lebensqualität einbüßen, denn mit weniger Gegenständen hätten Sie trotzdem noch genauso viel Platz. Wenn Sie nicht in ein kleineres Zuhause umziehen möchten, überlegen Sie doch einmal, ob der Dachboden, die zweite Garage oder die große Gartenwerkstatt, von allem Plunder befreit, als kleines Apartment an einen Studenten vermietet werden könnte.

Listen Sie hier alle mit Ihrem Zuhause verbundenen Kosten auf und finden Sie im Internet, bei Maklern oder in Kleinanzeigen heraus, was eine kleinere Wohnung Sie kosten würde:

	Ihre jetzige Wohnung	Eine kleinere Wohnung
Miete oder monatliche Kreditraten		
Grundsteuer und/ oder Wohnungs- steuer		
Hausrat- versicherung		
Strom/Heizung		
Gesamt		

Wie viel würden Sie sparen? ...

Was könnten Sie jeden Monat mit all diesem Geld anfangen?

-
-
-
-
-
-

Man kann Geld verdienen!

Ihre Gegenstände sind vielleicht mehr wert, als Sie meinen. Heute ist es ganz leicht, über das Internet oder auf dem Flohmarkt etwas zu verkaufen. Für all die Dinge, die Sie loswerden wollen, finden sich bestimmt Interessenten.

Sie werden feststellen, dass Sie nach dem Ausmisten nicht mehr einfach irgendetwas kaufen, nur um vorübergehend – und zudem auf ungeeignete Weise – etwas zu erfüllen, das Sie für ein Bedürfnis halten, das aber in Wirklichkeit nichts weiter ist als ein Verlangen. Analysieren Sie Ihr Kaufverhalten und Sie werden gewinnen, weil Sie viel weniger ausgeben als vorher.

<u>Welche Gegenstände brauchen Sie nicht mehr und könnten sie verkaufen?</u>

Schreiben Sie einen ungefähren Preis daneben.

– Preis: ...

– Preis: ...

– Preis: ...

– Preis: ...

– Preis: ...

– Preis: ...

– Preis: ...

Was könnten Sie mit diesem Geld anfangen? Denken Sie an Dinge, die Sie bisher aufgeschoben haben.

-
-
-
-
-
-
-
-
-

Man kann sich um sich selbst und um andere kümmern!

Das Ausmisten macht es möglich, dass Sie Familienmitgliedern oder anderen Ihnen nahe stehenden Menschen mehr Zeit, Energie und Aufmerksamkeit widmen können. Je weniger wir auf »Spielzeug« bauen, um uns zu vergnügen, umso natürlicher wird es, aufeinander zuzugehen. Das Entrümpeln kann auf diese Weise unmittelbar dazu beitragen, die Bindungen zu festigen, die Familien und Gemeinschaften zusammenhalten. Endlich haben Sie Zeit für Ihre Angehörigen.

Wählen Sie unter folgenden Dingen eines aus, das viel Zeit in Anspruch nimmt, und versuchen Sie, eine Woche ohne es auszukommen.

- Fernsehen
- PC
- Handy
- Spielekonsole
- Sammlungen
- Sonstiges: ...

Wie viele Stunden pro Tag haben Sie ungefähr »herausgeholt«? Halten Sie Ihre Eindrücke hier fest:

-
-
-
-
-
-
-
-

Man kann den Planeten retten!

Vergessen wir nicht, dass unser Planet gefährdet ist. Er ist übersättigt von diesen ständigen materiellen Erzeugnissen. Durch Ausmisten wirken Sie am Prozess des Recycelns von Gegenständen mit. Indem Sie den Secondhandmarkt nutzen, sorgen Sie dafür, dass ein überflüssiger Gegenstand weniger hergestellt wird. Und durch Ihr verändertes Kaufverhalten verringern Sie Ihren eigenen schädlichen Einfluss auf die Umwelt erheblich.

<u>Erstellen Sie eine Liste aller Gegenstände, die Sie bereitwillig gebraucht kaufen würden:</u>

–

–

–

–

–

–

–

–

–

–

Nun sind Sie dran!

Finden Sie nun gute Gründe dafür, sich von den Gegenständen zu trennen, die Sie oben genannt haben:

-
-
-
-
-
-
-
-
-
-

Es gibt drei Arten, wie es dazu kommen kann, dass die Gegenstände um einen herum überquellen: Alles sammeln, viel kaufen oder beides. Wenn Sie der Spezies der Sammler angehören, machen Sie den folgenden Test. Sind Sie eher ein(e) Konsument(in), dann ist der Test auf Seite 44, »Was für ein Konsumententyp sind Sie?«, der richtige für Sie. Oder machen Sie einfach beide!

Was für ein(e) Konsument(in) sind Sie?

Manche Menschen stopfen ihre gesamte Umgebung mit allem Möglichen voll, das sie schon seit ihrer Kindheit gesammelt haben. Vielleicht fragen Sie sich manchmal, woher diese Manie kommt, alles aufzubewahren - sogar verbogene Büroklammern oder Bindfadenstücke.

<u>Um es herauszufinden, machen Sie doch einmal folgenden Test:</u>

1. Was Ihnen endlich helfen könnte, Ihren gesamten Plunder in den Griff zu bekommen:

a) Eine Vitrine, in der Sie all Ihre Souvenirs unterbringen können

b) Eine große Werkstatt, in der Sie alles, was noch von Nutzen sein könnte, aufstapeln können: leere Weckgläser, Schmierpapier, Stoffreste, Werkzeug …

c) Ein Computerprogramm zur Haushaltsorganisation, das Ihnen mit einem Klick sagt, wo Sie Ihr schwarzes Hemd hingelegt haben

d) Ein professionelles Aufräumteam, das alles an Ihrer Stelle macht

2. Ihre Hauptschwäche:

a) Angst

b) »Aufschieberitis«

c) Sentimentalität

d) Perfektionismus

3. Sie begleiten einen Freund, der überflüssige Dinge zur Altkleidersammlung oder zum Recyclinghof bringt. Sie verstehen nicht, dass er die folgenden Dinge loswerden will:

a) Hefte aus seiner Schulzeit und Bastelarbeiten seiner Kinder
b) Überhaupt etwas: Wie findet er denn die Zeit, all diese Dinge neben seiner Arbeit und seiner Familie noch auszusortieren?
c) Holzbretter, Elektrokabelrollen, gemalte Bilder, Schnüre
d) Aufbewahrungsboxen

4. In der Buchhandlung erstehen Sie ein Buch über die Kunst, …

a) … Ihr Leben, Ihr Haus, Ihr Geld, Ihre Arbeit und Ihre Freizeit zu organisieren.
b) … Familienfotos zur Geltung zu bringen.
c) … des Loslassens.
d) … nicht mehr der Zeit hinterherzujagen.

5. Was verlockt Sie am meisten?

a) Ein Safe
b) Ein begehbarer Kleiderschrank mit allem Hightech-Komfort
c) Ein Zauberstab
d) Eine Videokamera

6. Was hindert Sie daran, voranzukommen?

a) Fehlende Zeit und Energie
b) Die Vergangenheit
c) Übertriebene Sorge um die geringsten Kleinigkeiten
d) Angst vor der Zukunft

7. Sie behalten einen Gegenstand …

a) … weil Sie wissen, dass Sie ihn eines Tages einsortieren werden.
b) … weil er noch zu gebrauchen ist.
c) … als Erinnerung.
d) … aus Trägheit.

Ergebnisse:

	a	b	c	d
1	●	▲	■	◆
2	▲	◆	●	■
3	●	◆	▲	■
4	■	●	▲	◆
5	▲	■	◆	●
6	◆	●	■	▲
7	■	▲	●	◆

Und jetzt zählen Sie zusammen:

▲: ...

■: ...

●: ...

◆: ...

Bei Ihnen überwiegen die ●

Sie sind sentimental. Von der Fußballpokal-Sammlung über alte Kino-Eintrittskarten bis hin zur Babykleidung Ihrer Jüngsten, inzwischen 18 Jahre alt, lacht Sie alles an, löst Erinnerungen in Ihnen aus oder beweist, dass Sie existiert haben ...

Wie könnten Sie sich dazu aufraffen, Schätze fortzuwerfen, die Ihr Leben oder einen Teil Ihrer selbst repräsentieren?

Unsere Meinung:

All diese Gegenstände sind eher ein Klotz an Ihrem Bein, der Sie an die Vergangenheit kettet und Sie am Vorankommen hindert. In dem Tohuwabohu, das bei Ihnen herrscht, finden Sie kostbare Erinnerungen wahrscheinlich ohnehin nicht so leicht wieder. Außerdem: Wenn Sie sich von einem Teil Ihrer Erinnerungsstücke trennen, kommt der Rest dadurch nur besser zur Geltung.

Prägen Sie sich folgenden Satz ein, indem Sie ihn unten aufschreiben und darüber meditieren:

»Um mich zu erinnern, vertraue ich auf meinen Geist. Ich befreie mich von der Vergangenheit und lebe in der Gegenwart.«

Bei Ihnen überwiegen die ■

Sie sind perfektionistisch. Sie werden erst dann aufräumen, wenn Ihr Sortiersystem perfekt ausgefeilt ist, wenn Sie schöne, farbige Ordner gekauft haben und mit einem computerisierten Erfassungssystem an die Sache herangehen können … Und bis dahin lassen Sie es, ehe Sie es schlecht machen, lieber ganz bleiben.

Unsere Meinung:

Bleiben Sie bescheiden, ohne Ihre grandiosen Träume in der Versenkung verschwinden zu lassen. Kaufen Sie sich einen hübschen Ordner und legen Sie los. Oder beginnen Sie zunächst mit einer Schublade … Die machen Sie »perfekt« – ohne das ganze Haus plündern und alles auf einmal machen zu wollen.

Prägen Sie sich den folgenden Satz ein, indem Sie ihn unten aufschreiben und darüber meditieren:

»Das Leben ist ständig in Bewegung. Ich kann in der Unvollkommenheit Freude finden, aber nicht in der Untätigkeit.«

Bei Ihnen überwiegen die ▲

Sie haben Angst, dass es Ihnen an etwas mangeln könnte.

Klar: Sobald Sie den 53 cm langen Bindfaden weggeworfen haben, erkennen Sie, wozu Sie ihn hätten gebrauchen können – so ist es immer! Man behält etwas, das keinen Nutzen für einen hat, und noch am selben Tag, an dem man es weggeworfen hat, braucht man es ... Na und?

Unsere Meinung:

Haben Sie Vertrauen! Wenn Sie morgen einen 53 cm langen Bindfaden brauchen, können Sie ihn bestimmt auch woanders auftreiben, oder? Sie könnten ihn sogar kaufen! Und bis dahin wird es Ihnen bestimmt etwas Luft verschaffen, wenn Sie solche platzraubenden Kleinigkeiten loswerden. Dasselbe gilt für Dosen, deren Deckel Sie eines Tages wiederzufinden hoffen. Denn sollte das jemals eintreten, haben Sie in der Zwischenzeit höchstwahrscheinlich die Dosen verloren.

Prägen Sie sich den folgenden Satz ein, indem Sie ihn unten aufschreiben und darüber meditieren:

»Ich bin in Sicherheit. Ich kann das, was mir fehlt, leicht auftreiben.«

Bei Ihnen überwiegen die ♦

Sie haben weder die Zeit noch den Mut zum Ausmisten.

Zwischen Arbeit, Familie und dem Instandhalten Ihres Zuhauses sehen Sie wirklich nicht, wann Sie Zeit fürs Entrümpeln haben sollten. Natürlich verstehen Sie, dass es sinnvoll wäre, und Sie spüren durchaus, dass es nötig ist, Dinge auszusortieren, aber es ist Ihnen lieber (und das ist ganz legitim), die wenige Freizeit, die Ihnen bleibt, für Aktivitäten zu verwenden, die Ihnen mehr Spaß machen! Sie entrümpeln daher erst dann, wenn Sie Zeit haben, das heißt nie, denn die Haushaltspflichten reihen sich gnadenlos aneinander. Vielleicht fühlen Sie sich auch von der Menge der Arbeit überwältigt und wissen nicht, wo Sie anfangen sollen. Also fangen Sie nicht an.

Unsere Meinung:

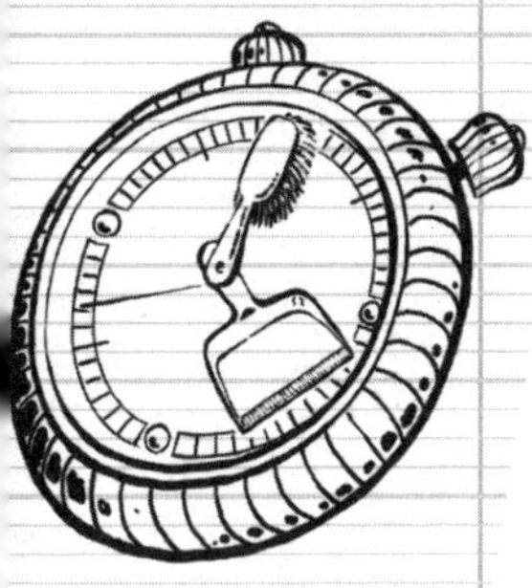

Stimmt, Ausmisten erfordert Zeit, aber Sie können auch jedes Mal nur wenige Minuten darauf verwenden. Wenn Sie eine Stunde oder länger arbeiten wollen, wählen Sie einen Zeitpunkt, an dem Sie voller Energie sind, zum Beispiel einen Schönwettertag, und begrenzen Sie Ihr Tätigkeitsfeld. Wenn Sie an mehreren Fronten gleichzeitig kämpfen, werden Sie bald entmutigt und verzweifelt sein. Halten Sie sich besser an ein einziges Möbelstück oder eine Zimmerecke, aber bringen Sie diese Aufgabe auf jeden Fall zu Ende. Sie werden sehen: Nach und nach entrümpeln Sie so in Ihrem eigenen Rhythmus das ganze Haus.

Prägen Sie sich den folgenden Satz ein, indem Sie ihn unten aufschreiben und darüber meditieren:

»Ausmisten fällt mir leicht und erfüllt mich mit Energie.«

Was sind Ihre Ausreden, um alles aufzubewahren?

Wenn Sie nur gründlich suchen, finden Sie eine Menge Argumente, um nichts verändern zu müssen!

- ❑ **Sie beruhigen sich selbst.** Es ist wie in einem kleinen Kokon: Sie sind von verschiedenen Gegenständen umgeben, also nicht so allein ... Ein Haus, das aus allen Nähten platzt, kann den Eindruck vermitteln, es sei »lebendig«. Es kann Sie aber auch ersticken und den Ausdruck Ihrer Kreativität blockieren.

- ❑ **Sie halten lästige Besucher auf Abstand.** Außer ganz engen Freunden können Sie niemanden zu sich einladen, denn Sie schämen sich für das Tohuwabohu. Obwohl Sie es eigentlich nicht wollen, klassifizieren Sie Ihre Beziehungen. Vielleicht wäre es angemessener, zu lernen, zu unerwünschten Besuchern »Nein« zu sagen – und Sie könnten ein ordentliches Haus haben.
- ❑ **Sie vermitteln sich selbst das Gefühl, Ihr Leben sei ausgefüllt.** Was täten Sie mit all dieser Freizeit, wenn Sie nicht stundenlang Ihre Sachen suchen und Ihre Wochenenden damit zubringen müssten, den verspäteten Hausputz nachzuholen? Sie müssten die Zeit notgedrungen mit Ihren Kindern, Ihrem/r Lebenspartner/in oder – noch schlimmer –

mit sich selbst verbringen. Und wer weiß, was dann alles passieren könnte!

- **Sie rechtfertigen Ihre Aufschieberei und Ihre Untätigkeit.** Das Durcheinander dient als Entschuldigung für Ihre dauernde Müdigkeit oder Ihre mangelnde Verfügbarkeit. Sie haben dann keine Möglichkeit mehr, sich mit wesentlichen Fragen zu befassen, und können auch Ihrer Kreativität keinen freien Lauf lassen – was Sie sich schon lange verbieten …
- **Sie fördern Auseinandersetzungen mit Ihrem/r Lebensgefährten/in, …** indem Sie eine beruhigende Routine aufrechterhalten, durch die Sie vermeiden können, sich die wirklich wichtigen Fragen über das Funktionieren Ihrer Partnerschaft zu stellen. Herumliegende und noch dazu auf links gedrehte Socken, die, um das Maß voll zu machen, auch noch in verschiedenen Zimmerecken liegen – und schon ist ein vergnüglicher Abend garantiert! In dieser Zeit sprechen Sie die Themen, die Sie wirklich berühren, nicht an.
- **Sie respektieren das familiäre Muster,** indem Sie Bemerkungen bestätigen, die Ihre Eltern früher Ihnen gegenüber gemacht haben. Das hindert Sie am Erwachsenwerden und zwingt Ihnen die Rolle der/des »geborenen Chaoten/in« auf.

- [ ] **Sie isolieren Ihr Haus.** Wenn der Boden mit Papieren oder Kleidung bedeckt ist, kommt das einer Styropor-Isolierung gleich und ist deutlich umweltfreundlicher. Dasselbe gilt für Wände: Volle Schränke und überbordende Regale bilden eine Lärm- wie auch Kälteisolierung.

Zu erkennen, aus welchen Gründen Sie Dinge anhäufen, wird Ihnen helfen, diese schlechten Gewohnheiten abzulegen. Was sind Ihre Gründe?

-
-
-
-
-
-
-
-
-
-
-
-

Ihr ideales Haus

Was Ihr Haus über Sie aussagt ... und was Sie über Ihr Haus sagen.

Lassen Sie uns abschätzen, was Ihr Haus über Ihren psychischen Zustand aussagt. Zu oft vergisst man, dass es uns ähnelt. Wird nicht auch der Begriff »Interieur« als Bezeichnung für das »Innere« eines Hauses verwendet?

Versuchen Sie, Ihr Haus zu charakterisieren. Betrachten Sie es, als würden Sie es zum ersten Mal betreten. Wie finden Sie es?

- ❑ Unordentlich?
- ❑ Schmutzig?
- ❑ Ungepflegt und lieblos behandelt?
- ❑ Erstickend?
- ❑ Aufreibend?
- ❑ Beruhigend?
- ❑ Zu klein?
- ❑ Zu groß?
- ❑ ...
- ❑ ...

Schneiden Sie aus Zeitschriften Fotos von Inneneinrichtungen aus, die Ihnen gefallen. Fertigen Sie dann hier eine Collage aus diesen Bildern an:

Meine Collage

Fragen Sie sich jetzt: Was sagen diese Bilder über Ihr ideales Haus aus? Beschreiben Sie es mit einigen Adjektiven:

-
-
-
-
-

Ist das wirklich Ihr ideales Haus oder das der Zeitschriften? Was könnten Sie von jetzt an tun, um Ihr Zuhause diesem Traumhaus anzugleichen? Schreiben Sie es in die Fußspuren.

Wie viel ist genug?

Ausmisten zu wollen ist eine Sache. Zu wissen, was man behalten soll, eine andere. Bevor Sie sich auf Ihren Küchenschrank stürzen, fragen Sie sich, wie viel Geschirr Sie tagtäglich wirklich brauchen. Zu oft behalten wir Dinge nur aus Gewohnheit, ohne unsere Arbeitsabläufe berücksichtigt zu haben.

Indem Sie ausrechnen, was für ein gutes Leben ausreicht, vermeiden Sie, ständig Dinge zu kaufen, die Sie bereits in zig Variationen haben – und niemals benutzen.

Sie sind auch effizienter, wenn Sie nur das besitzen, was Sie brauchen. Dinge, die Sie wirklich benötigen, werden besser geflegt.

<u>Tragen Sie in die Tabelle auf der nächsten Seite jeweils die Zahl der Gegenstände ein, die Sie brauchen. Prüfen Sie vorher nicht nach, was Sie in Ihren Schränken haben!</u>

Kleidung		Geschirr		Haushalts-wäsche		Produkte zur Schönheits-pflege	
	Röcke		Besteck		Hand-/ Badetücher		Körperlotion/-creme
	Kleider		Flache Teller		Waschlappen		Gesichtscreme
	Hosen		Tiefe Teller		Taschen-tücher		Shampoo
	Pullover		Obst-/ Dessert-teller		Bettlaken		Haarspülung
	T-Shirts		Wasser-gläser		Bettbezüge		Seife
	Hemden		Stielgläser		Wolldecken		Deo
	Slips		Karaffen		Daunen-decken/ Bettdecken		Zahnbürsten
	BHs		Tassen		Kopfkissen		Zahnpasta
	Socken/ Strumpfhosen		Schüsseln/ Schalen		Nacken-rollen		Parfums
	Krawatten		Töpfe		Kissen-bezüge		Lippenstifte
	Badeanzüge/ Bikinis/ Badehosen		Pfannen		Tischdecken		Nagellack
	Pyjamas/ Nachthemden				Servietten		
	Mäntel						
	Schals und Halstücher						
	Schuhe						

Fertig? Dann vergleichen Sie Ihre Einträge nun mit dem, was wirklich in Ihren Kleider- und Schuhschränken und in den diversen Schubladen ist – das ist stets aufschlussreich!

Monat für Monat – der Kalender des Ausmistens

Es gibt keinen idealen Kalender fürs Ausmisten, denn jeder kann nur nach seinen persönlichen Prioritäten und Bedürfnissen vorgehen. Wer nicht wirklich weiß, wo er anfangen soll, kann ein monatliches Programm entwerfen, das sich nach dem Rhythmus der Jahreszeiten und unserer Energiekurve richtet.

Januar

Verlieren Sie keine Zeit! Sortieren Sie umgehend die Geschenke aus, die Sie zu Weihnachten bekommen haben und die Ihnen ungelegen kommen. Wenn Sie sich über die neuen Dinge freuen, prüfen Sie, ob diese nicht andere, ältere Gegenstände ersetzen können. Das gilt insbesondere für Kinderspielzeug.

Ein Kalenderjahr ist vorbei, und Sie können nun ganz konkret den Papierkram angehen und Gehaltsbescheinigungen, Rechnungen und Steuerbescheide archivieren.

Und Sie, was haben Sie in diesem Monat ausgeräumt?

–

–

–

Februar

Der Winter bietet die Gelegenheit, Schmorgerichte zuzubereiten, die lange garen müssen, während man darauf wartet, dass es wieder wärmer wird.

Warum nicht in der Küche klar Schiff machen und alle Geräte, die Sie nicht mehr brauchen, beiseitelegen?

Wenn Sie sich gerne auf dem Sofa zusammenrollen und zusammen mit Ihrem/r Partner/in oder Ihren Kindern einen guten Film anschauen, Musik hören oder ein Gesellschaftsspiel spielen, dann nehmen Sie sich vor, das Regal mit den CDs und DVDs und den Schrank mit den Spielen auszumisten.

Und Sie, was haben Sie diesen Monat ausgeräumt?

-

-

März

Der Frühling naht, Sie haben Lust, Ihre geschickten Hände zum Einsatz zu bringen und herumzuwerkeln - bestens! Bleiben Sie sich selbst gegenüber aber ehrlich und trennen Sie sich von dieser Stickarbeit, die Sie seit der Geburt Ihres Sohnes (der inzwischen acht Jahre alt ist) immer noch nicht fertiggestellt haben. Schaffen Sie sich die Pinsel vom Hals, die schon Haare verlieren, und auch die eingetrockneten Farben und alten Wollknäuel in grellen Farben.

Und Sie, was haben Sie in diesem Monat ausgeräumt?

–

–

–

April

Während der April noch macht, was er will, sortieren Sie doch schon einmal die Kleidung Ihrer Kinder aus und legen Sie das, was nach dem Winter zu klein geworden ist, beiseite.
Holen Sie in Ruhe Ihre Sandalen hervor und bringen Sie den Inhalt des Schuhschranks wieder in Schuss.

Und Sie, was haben Sie in diesem Monat ausgeräumt?

–

–

–

–

Mai

Feiertage verkürzen die Wochen, es ist die Zeit der verlängerten Wochenenden im Kreis der Familie oder in trauter Zweisamkeit.

Jetzt ist der Zeitpunkt gekommen, um Bücher auszusortieren und nur das zu behalten, was Sie noch nicht gelesen haben oder was Sie gerne noch einmal lesen möchten. Ganz sicher werden Sie bei dieser Sortieraktion in Ihrer Bibliothek »Perlen« wiederentdecken, sodass Sie vor Ihrer nächsten Abreise nicht mehr in die Buchhandlung zu gehen brauchen!

Und Sie, was haben Sie in diesem Monat ausgeräumt?

–

–

Juni

Das Wetter stellt Ihr Laune-Barometer auf schön. Stürzen Sie sich in die Schlacht!

Werfen Sie alle Staubfänger, die Sie daran hindern, sich auf Ihrer Chaiselongue zu aalen, aus dem Fenster: Gardinen, Nippes, Bilder, platzraubende Souvenirs, Vasen ohne Blumen und – warum nicht – Grünpflanzen. Raus damit!

Und Sie, was haben Sie in diesem Monat ausgeräumt?

–

–

–

–

–

Juli

Endlich Ferien! Verschaffen Sie sich bei Ihren Urlaubsvorbereitungen einen Überblick über Ihre Koffer, Sporttaschen, Schlafsäcke, Matratzen, Kulturbeutel, Badetücher, Sonnenbrillen, Badekleidung, Schwimmflossen, Schwimmreifen, Sandeimer, Plastikrechen ...

Brauchen Sie alles in vier Ausführungen?

Und Sie, was haben Sie in diesem Monat ausgeräumt?

–

–

–

–

–

August

Zum Ende des Sommers können Sie sich gut vornehmen, die Kleidung und Wäsche der Kinder auszusortieren und nur das zu behalten, was sie im Winter brauchen, vorausgesetzt, sie können es noch anziehen!

Nehmen Sie die günstige Gelegenheit wahr, auch Ihre eigene Garderobe auszusortieren, und trauern Sie diesen kleinen Shorts nach, die Sie definitiv nicht mehr tragen können – trotz Ihrer Diät vor dem Sommer.

Und dann entrümpeln Sie die Campingsachen, die Sie auch dieses Jahr wieder nicht gebraucht haben.

Und Sie, was haben Sie in diesem Monat ausgeräumt?

–

–

September

Schulanfang! Werfen Sie hemmungslos Stifte, die nicht mehr schreiben, Schmierpapierhaufen, alte Hefter, von denen nur noch die Spirale übrig ist, Ordner mit kaputtem Hebel usw. weg oder recyceln Sie sie.

Dann noch ein Blick auf Wintermäntel und -schuhe, die im Schrank auf Sie warten: Sind sie noch tragbar?

Sortieren Sie Ihre Gartengeräte für die im Herbst anfallenden Arbeiten und verabschieden Sie sich vom Sonnenschirm und dem Liegestuhl, die beide nach mehreren Sommern ihren Geist aufgegeben haben.

Und Sie, was haben Sie in diesem Monat ausgeräumt?

–

–

–

–

Oktober

Langsam wird es kühler, die Gartentage sind vorbei. Nehmen Sie sich Zeit, zu klein gewordene Kinderfahrräder zu verkaufen, und nehmen Sie die Nebengebäude und -räume (Garage, Dachboden, Werkstatt ...) in Angriff, in die Sie den ganzen Sommer lang alles hineingepfercht haben.

Und Sie, was haben Sie in diesem Monat ausgeräumt?

–

–

–

–

November

Erste Schnupfen und Erkältungen zu Beginn des Winters: Es wird Zeit, die Hausapotheke auszusortieren.

Da Sie schon einmal dabei sind: Gehen Sie zielstrebig ins Bad und befreien Sie Ihren Badezimmerschrank von allem, was Sie im Sommer an speziellen Produkten angesammelt haben, zumal viele Kosmetika nach einem Jahr abgelaufen sind. Behalten Sie nur das Wesentliche, um sich im Winter etwas Gutes tun zu können, während Sie auf die Rückkehr der schönen Tage warten.

<u>Und Sie, was haben Sie in diesem Monat ausgeräumt?</u>

–

–

Dezember

Bald ist Weihnachten – warum nicht die vielfältige Weihnachtsdekoration und den von den Kindern im vergangenen Jahr gebastelten Schmuck, der inzwischen deutlich verblasst ist, aussortieren?

Vorbereitungen für Familienbesuche sind eine Gelegenheit, das Geschirr für besondere Anlässe und die Haushaltswäsche auszumisten: Bettlaken, Handtücher, Tischdecken und Servietten …

Bringen Sie Ihren Kindern bei, zu teilen und an andere zu denken, indem Sie zusammen mit ihnen gut erhaltenes Spielzeug auswählen, das auf dem Weg über karitative Organisationen andere Kinder glücklich machen könnte.

Und Sie, was haben Sie in diesem Monat ausgeräumt?

–

–

–

Trick, um sich mehr Zeit zum Entscheiden zu verschaffen:

Sie werden immer Gegenstände finden, die Sie zwar absolut nicht brauchen, die Sie aber trotzdem nicht wegwerfen mögen. Tun Sie sie alle zusammen in eine Kiste, die Sie fest verschließen, schreiben Sie ein Datum darauf und räumen Sie sie weg. Wenn Ihnen nach einem Jahr nichts daraus gefehlt hat, können Sie die Kiste wegwerfen – ohne sie vorher noch einmal zu öffnen (so kann keine Reue in Ihnen aufkommen). Da Sie gar mehr wissen, was sich in der Kiste befindet, laufen Sie nicht Gefahr, dass es Ihnen fehlt.

Überfluss und Konsum

Bestimmt fragen Sie sich manchmal, warum Sie eine spezielle Sache gekauft, diese Versicherung abgeschlossen oder jene Zeitschrift abonniert haben. Es ist wichtig, dass Sie sich Ihre Abhängigkeit von materiellen Dingen bewusst machen.

Wir haben gesehen, dass das Horten von Gegenständen und die Angst, es könnte uns an etwas mangeln, uns dazu verleiten, uns mit Dingen zu überladen. Sobald Sie verstanden haben, inwiefern Ihr Konsumverhalten ein Faktor ist, der zur Überfüllung führt, ist es leichter für Sie, loszulassen und einen weiteren Schritt auf dem Weg zur Einfachheit zu tun. Dieser Bewusstwerdungsprozess wird auch Ihr Kaufverhalten verändern und dazu beitragen, dass Sie nicht immer wieder denselben Fehler machen.

Machen Sie sich Ihre Abhängigkeit von materiellen Dingen bewusst

Was für ein Konsumententyp sind Sie?

Um zu verstehen, wie Sie in Bezug aufs Kaufen »ticken«, machen Sie diesen Test. So können Sie herausfinden, zu welcher Konsumentenkategorie Sie gehören. Antworten Sie, ohne lange nachzudenken, und vor allem so ehrlich wie möglich. Seien Sie unbesorgt – niemand guckt Ihnen über die Schulter und liest mit!

1. Sie kaufen gerne bei …

a) … Händlern, die Sie kennen.
b) … bei Discountern, im Schlussverkauf und in Outlets.
c) … in Markenboutiquen.

2. Sie werden schwach bei einer Jacke, obwohl Sie sie eigentlich nicht brauchen.

a) Glücklicherweise haben Sie einen Rabattgutschein für treue Kunden, es ist ja nicht so, als würden Sie sie zum vollen Preis erstehen!
b) Ihre anderen Jacken sind ein bisschen aus der Mode gekommen, und alle haben Sie schon mindestens zweimal darin gesehen.
c) Sie wird Ihnen bei der Hochzeit Ihrer Cousine gute Dienste leisten – in drei Monaten!

3. Was machen Sie während des Schlussverkaufs?

a) Sie plündern die Trend-Boutiquen.
b) Sie kaufen ein bisschen mehr als sonst, schon mit Blick auf Weihnachten oder die Geburt Ihres kleinen Neffen.
c) Sie lassen sich in Versuchung führen, denn Sie haben das Glück, an Rabattaktionen für exklusive Kunden teilnehmen zu können.

4. Im Supermarkt

a) Sie haben im voraus anhand des Angebotskatalogs Ihre Einkaufsliste erstellt und sich die Produkte notiert, die Ihnen auf Ihrer Kundenkarte Geld bringen.

b) Sie gehen auf Schnäppchenjagd »4 zum Preis von 2« und kaufen Nudeln im Sechserpack.

c) Sie nehmen Markenprodukte – zum Preisvergleich haben Sie keine Zeit und so sind Sie wenigstens sicher, Qualität zu kaufen.

5. Man bietet Ihnen für einen Euro zusätzlich einen kleinen Terminkalender an.

a) Ramsch? Nein, danke!

b) Sie kennen den Händler gut und wagen es nicht, abzulehnen.

c) Das wird ein nettes kleines Geburtstagsgeschenk für eine Freundin Ihrer Tochter.

6. Geld ist dafür da, dass es …

a) … ausgegeben wird.

b) … etwas einbringt.

c) … profitabel eingesetzt wird.

7. Sie haben beschlossen, sich ein Buch zu kaufen, das Sie in der Woche zuvor entdeckt haben. Im Laden angekommen, stellen Sie fest, dass der Preis herabgesetzt ist.

a) Super, Sie können sich zusätzlich einen anderen Roman desselben Autors gönnen.

b) Sie nehmen das Buch und kommen in der folgenden Woche noch einmal, um zu sehen, ob es weitere Sonderangebote gibt.

c) Sie haben eine Neuerscheinung ausfindig gemacht, die noch interessanter ist, selbst wenn sie mehr kostet.

Ergebnisse:

	a	b	c
1	■	▲	●
2	■	●	▲
3	●	▲	■
4	■	▲	●
5	●	■	▲
6	●	■	▲
7	▲	■	●

Und jetzt rechnen Sie zusammen:

▲: ...

■: ...

●: ...

Bei Ihnen überwiegen die ▲

Sie sind ein »falscher Sparer«.

Sie haben nicht viel Geld und achten auf jeden Cent. Der Haken an der Sache ist nur, dass Sie zwar auf Schnäppchen aus sind, um bei den Familienausgaben zu sparen, dadurch letztendlich aber mehr kaufen, als sinnvoll ist. Bei Discountern wimmelt es von billigen Angeboten, die Sie ohne Schuldgefühle kaufen und die nach und nach Ihr Heim erobern.

Unser Rat:

Beachten Sie, dass ein günstiges Angebot häufig nur für das Geschäft günstig ist, dem es etwas einbringt. Weisen Sie den überflüssigen Gegenstand zurück und stellen Sie sich die Frage, ob Sie denselben Gegenstand auch zu seinem echten Preis kaufen würden. Wenn die Antwort Nein lautet, können Sie darauf wetten, dass Sie diesen Gegenstand weder wirklich haben wollen noch wirklich brauchen. Vielmehr reagieren Sie auf die universelle Angst, Mangel leiden zu müssen – und auf den Traum vom »Jahrhundertgeschäft«, den Werbeleute nutzen, um Sie zu manipulieren.

Bei Ihnen überwiegen die ■

Sie sind treu.

Sie kaufen Ihre Lebensmittel immer im selben Geschäft ein, kennen die Marke der Kleidung, die Ihnen gut steht, und schwören einzig und allein darauf. Und genau aus diesem Grund werden Sie von Markengeschäften und Handelsketten umworben, die Ihnen eine Kundenkarte oder Einladungen zu Vorab-Schlussverkäufen anbieten – aber nur, um Sie besser ausnehmen zu können.

Unser Rat:

Seit einigen Jahren bieten Handelsketten Artikel mehr oder weniger zum selben Preis an – auch seit dem Aufkommen von Discountern, denn jede Ladenkette hat ihre eigene Niedrigpreismarke. Es ist also nicht der Kassenbon, der bewirkt, dass sich ein Kunde für das Kaufen in einem bestimmten Geschäft entscheidet. Die Ladenketten liefern sich heute einen heftigen Krieg auf einem anderen Gebiet: dem der Treue! Die bringt ihnen Geld! Sortieren Sie also Ihre zu zahlreichen Rabattpunkte-Karten aus und nehmen Sie sich Zeit, ganz in der Nähe Ihres Zuhauses Läden wiederzuentdecken, die Sie bislang nicht kannten. Sie werden manchmal überrascht sein und vor allem das Gefühl haben, freier zu sein.

Bei Ihnen überwiegen die ●

Ihnen ist wichtig, wie andere Sie sehen.

Sie mögen es, wenn man Sie bemerkt, und wollen anderen keinen Anlass zu der Vermutung geben, dass Sie ein karges Leben führen. Oder aber sie wollen sich – im Gegenteil – vor allem nicht von der Masse abheben, sind nicht deswegen modisch, weil Sie Freude daran haben, sondern um sich nicht lächerlich zu machen und nicht ausgegrenzt zu werden. In beiden Fällen kaufen Sie, ohne nach Ihren eigenen Bedürfnissen zu fragen. Sie meinen, Kleider machen Leute, und leben in der Angst, dass Sie an Ihrer Erscheinung gemessen werden und nicht daran, wie Sie wirklich sind.

Unser Rat:

In unserer Konsumgesellschaft herrscht die Annahme vor, der Weg zum Erfolg führe über Materialismus und das Anhäufen äußerer Zeichen des Reichtums. Das Problem dabei ist jedoch, dass Sie letztendlich niemals wirklich ganz und gar im Trend sein können, da die Werbung Bedürfnisse kreiert, bevor Sie sie überhaupt haben; Sie können folglich nichts vorwegnehmen. Akzeptieren Sie die Vorstellung, dass Sie niemals das perfekte Haus, das ultimative Auto oder die vollkommene Garderobe haben können, die an alle Situationen angepasst wären. Trauern Sie um den Gegenstand oder Service, der endlich all Ihre Wünsche und Bedürfnisse erfüllt, denn er existiert nicht. Vielleicht wird Ihnen klar, dass Sie die Kriterien für Glück und Erfolg nicht auf derselben Ebene ansetzen wie ein Händler.

Nun, da Sie Ihr Konsumentenprofil kennen: Können Sie fünf unnütze Gegenstände oder Services nennen, die Sie einmal gekauft haben, weil Sie nach dem Muster Ihres Profils gehandelt haben?

-
-
-
-
-

Entdecken Sie Ihre wahren Kaufmotive

Bestimmt ist Ihnen nun klar geworden, dass Sie nach dem Muster Ihres Konsumentenprofils gehandelt haben: Konsumieren hat letztendlich nicht viel mit unseren wahren Bedürfnissen zu tun. Es ist ein sozialer Akt, durch den wir uns eine Identität schaffen können. Das Problem ist nur, dass diese Identität nicht beständig ist – sie entwickelt sich entsprechend unseren Begegnungen und unserem Denken. Weil unsere Identität »unablässig gestärkt und gefestigt werden muss«, erscheinen uns die Konsumobjekte unerlässlich.[1]

1 Denis Darpy/Pierre Volle: *Comportements du consommateur – Concepts et outils*. Dunod, Paris 2007, S. 3.

Lassen Sie uns analysieren, welche Mittel Werbeleute einsetzen, um uns mehr zu verkaufen. So gliedern sie unsere Persönlichkeit auf:

Real-Selbst	**Soziales Selbst**	**Ideal-Selbst**

Ihr Personalausweis: Geschlecht, Beruf, Alter …	Derjenige, der Sie Ihrer Vorstellung nach in den Augen anderer sind	Derjenige, der Sie gern wären

Definieren Sie Ihr Real-Selbst:

Präsentieren Sie sich ganz konkret und denken Sie dabei an die Dinge, die zu Ihrer persönlichen Ausstattung gehören. Mit unseren Aktivitäten in Beruf und Freizeit können wir einen Teil der überhandnehmenden Dinge rechtfertigen – zum Beispiel, wenn Sie als Pianistin vier Klaviere besitzen (alle natürlich ganz unterschiedlich!).

Ich bin ...

Dinge, die zu meiner Ausstattung gehören:

-

-

-

-

Definieren Sie Ihr soziales Selbst

Diese Übung ist sehr schwierig und völlig wirkungslos, wenn Sie sich selbst belügen. Blicken Sie sich geradewegs in die Augen und seien Sie unbesorgt: Niemand ist vollkommen!

- Ich glaube, dass ich trendy bin, weil ich viel Kleidung kaufe.
- Ich vermittle das Bild eines modernen Menschen, weil meine Haushaltsgeräte oder meine Computerausrüstung dem neuesten Stand der Technik entsprechen.
- Ich habe den Wunsch, dass andere meine Judopokal-Sammlung bewundern und wissen, dass ich ein(e) große(r) Sportler(in) bin.

Und jetzt Sie:

-

-

-

Definieren Sie Ihr Ideal-Selbst

Wer wäre ich gerne?

Beschreiben Sie mit ein paar Zeilen die Person, die Sie gerne wären. Gehen Sie dabei auf körperliche und geistige Eigenschaften ein.

-

-

-

Was sind nun die für Sie unabdingbaren Accessoires, die Sie Ihrem Ideal-Selbst näher bringen? Denken Sie an Accessoires, die Sie so oft benutzen, dass Sie gewissermaßen ein Teil von Ihnen sind, und deren soziale Rolle Sie vergessen haben:

-

-

-

Gönnen Sie sich eine unterhaltsame Pause, indem Sie die Figuren auf der nächsten Seite kopieren, ausschneiden und sie nach Belieben anziehen und mit Accessoires ausstatten. Zeichnen Sie – und sei es nur schematisch –, was Ihnen fehlt, um Ihr Ideal-Selbst zu erreichen.

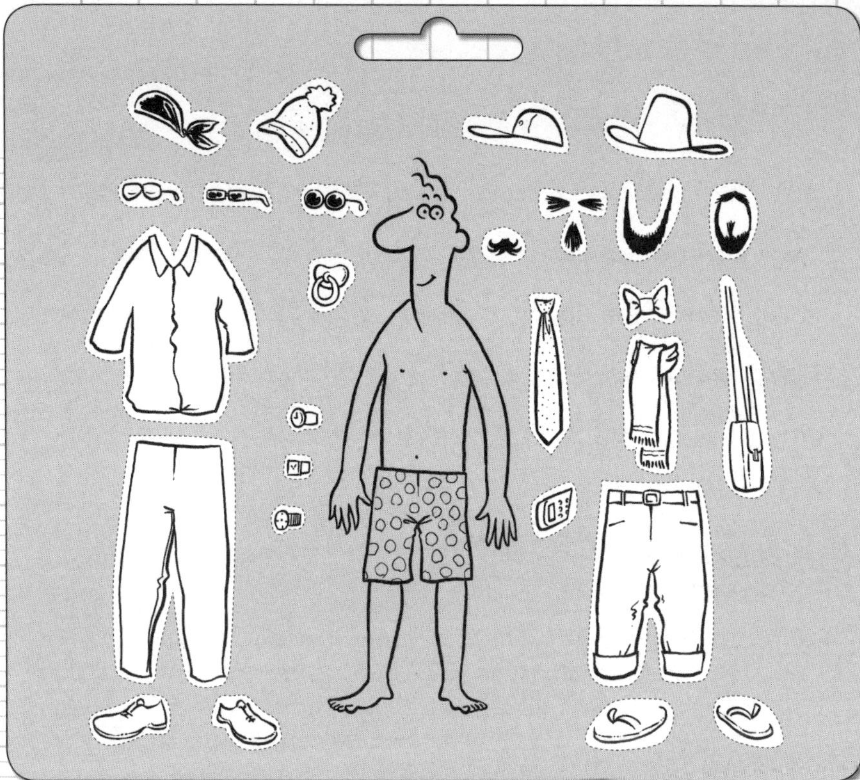

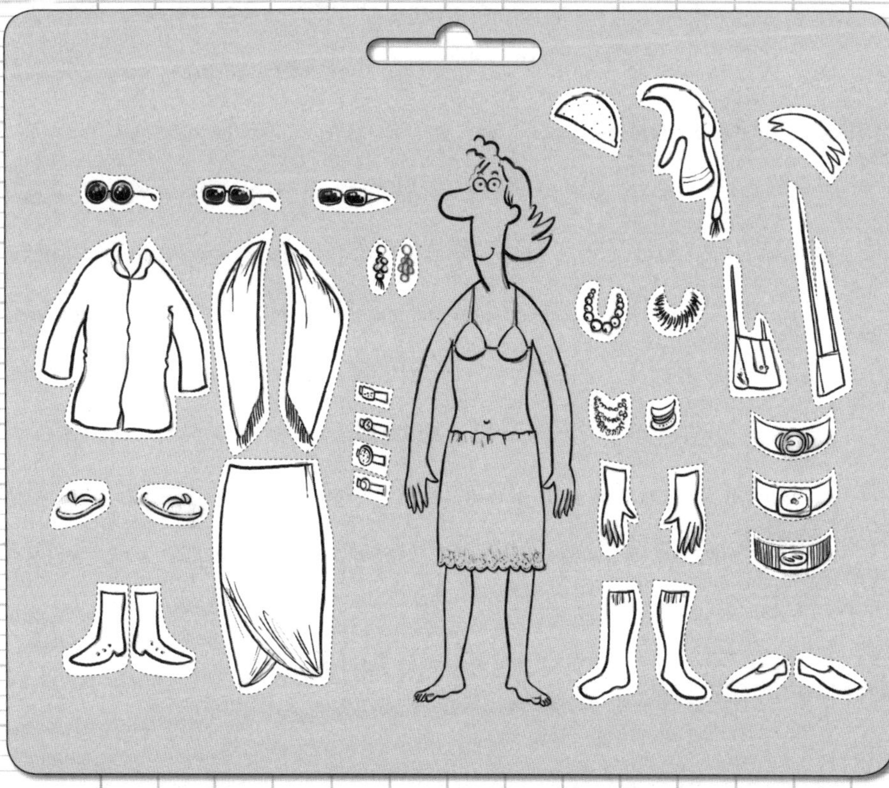

Am Ende dieser Übungen verstehen Sie vielleicht, dass manche Gegenstände lediglich dazu da sind, Sie Ihrem Ideal-Selbst anzunähern, ohne dabei jedoch Ihrem Real-Selbst von Nutzen zu sein. Die Kluft zwischen den beiden Selbsts erzeugt ein Gefühl des Mangels, das die Werbung sich zunutze macht.

Die Konsumgesellschaft

> Konsumgesellschaft: Gesellschaftstyp, in dem das Wirtschaftssystem die Menschen zum Konsumieren verleitet und bei ihnen Bedürfnisse in jenen Bereichen weckt, die für die Gesellschaft profitabel sind.[2]

Hier die berühmte Pyramide von Abraham Maslow, der als Gründervater der Humanistischen Psychologie gilt. Er stellte eine Hierarchie unserer Bedürfnisse auf, der zufolge ein höheres Bedürfnis erst dann entsteht, wenn ein untergeordnetes Bedürfnis erfüllt wurde. Dementsprechend würde das Bedürfnis, einer Gruppe anzugehören, erst dann aufkommen, wenn die körperlichen Grundbedürfnisse und das Bedürfnis nach Sicherheit erfüllt sind. Diese Pyramide wurde zwar von Anfang an infrage gestellt – insbesondere wird ihr vorgeworfen, neue Bedürfnisse nicht zu berücksichtigen –, sie bleibt aber dennoch ein interessantes Hilfsmittel, das man sich zunutze machen kann.

2 *Dictionnaire historique de la langue française.* Paris, Le Robert, 1998.

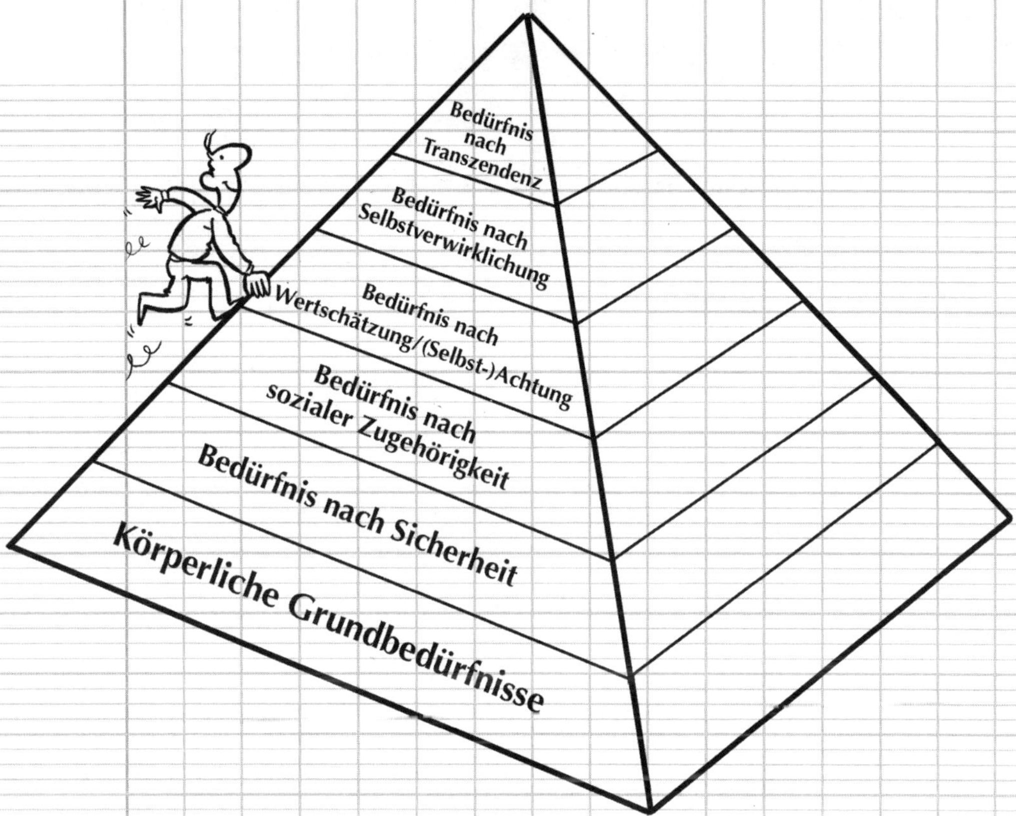

Diejenigen, die sich mit Marketing und Werbung befassen, verwenden sie, um Produkte oder Angebote zu schaffen, die Ihnen das Gefühl geben, das eine oder andere dieser Bedürfnisse zu erfüllen. Sehr oft will ein Produkt mehrere dieser Bedürfnisse gleichzeitig befriedigen. Das gilt zum Beispiel für einen Markenjoghurt, den wir essen, um uns zu ernähren, aber auch, weil er noch stärker unser Bedürfnis nach sozialer Anerkennung erfüllt als ein billiger No-name-Joghurt.

Nennen Sie einige Lebensmittelprodukte, die Sie kaufen, um andere Bedürfnisse zu erfüllen als die der reinen Ernährung, und versuchen Sie, sich bewusst zu machen, um welche Bedürfnisse es sich handelt:

Gekaufte Lebensmittel	Bedürfnisse

Wie legitimieren Sie Ihre Käufe?

Wir alle haben unsere eigenen Argumente, um das Kaufen von Dingen zu rechtfertigen, die eigentlich nur Platz wegnehmen. Vielleicht meinen Sie, es sei doch Ihr einziges Vergnügen, Ihr hart verdientes Geld für Konsumgüter auszugeben; vielleicht glauben Sie wirklich an die Botschaften der Werbung, wenn sie sagen, dass Sie »das Recht dazu haben« oder dass Sie »es sich wert sind«. Vielleicht mussten Sie in Ihrer Kindheit Entbehrungen erdulden, die Sie durch den Konsum zu heilen glauben. In den meisten Fällen wissen wir jedoch, dass diese Argumente trügerisch sind, denn sie lösen das zugrunde liegende Problem nicht.

Zählen Sie Gründe auf, die Ihre Käufe rechtfertigen:

–

–

–

–

–

Auf die gleiche Weise kaufen wir oft auch, um schmerzlichen Gefühlen nicht ins Gesicht sehen zu müssen. Zudem setzt die Werbung sehr stark auf Gefühle, um den Kaufantrieb zu kreieren: Die Schuldgefühle, die eine Mutter hat, weil sie viel arbeitet, werden auf trügerische Weise dadurch beseitigt, dass sie etwas kauft, was ihr eine gute Beziehung zu ihren Kindern verspricht.

Nennen Sie die Gefühle, die Ihnen die größten Schwierigkeiten bereiten und die Sie dadurch »bewältigen«, dass Sie etwas kaufen:

–

–

–

–

–

Die Überflussgesellschaft

Wir leben in einer Überflussgesellschaft, in der selbst diejenigen, die meinen, wenig zu haben, mehr besitzen als nahezu die Gesamtheit aller Menschen zu anderen Zeiten und an anderen Orten. Es gibt viele Menschen, die ein Haus haben, ein Auto, tonnenweise nützliche und unnütze Gegenstände; viele, die Geld ausgeben, reisen, ihre Kinder mit Spielzeug und Kleidung verziehen; viele, denen es an nichts mangelt, die aber immer noch mehr wollen; viele, die zwar das Wesentliche haben, aber das Überflüssige wollen.

Wie oft haben wir schon alte Menschen gehört, die uns gesagt haben: »Ihr habt Glück, ihr Jungen. Zu meiner Zeit musste ich mit der Hand Wäsche waschen, zu Fuß gehen, hatte keinen Staubsauger, keinen Computer ... Das Leben für euch heutzutage ist leicht!«

Wirklich?

Man sollte meinen, dass wir alles haben, um auf der materiellen Ebene glücklich zu sein – aber so ist es nicht.

Erstellen Sie eine Liste der Dinge, die Sie Ihrer Meinung nach brauchen, um glücklicher zu sein, oder die Sie wirklich gut gebrauchen können, weil sie Ihnen mehr Komfort bringen. Schreiben Sie, ohne sich dabei selbst zu zensieren.

Wenn der Platz nicht reicht, nehmen Sie sich ein Blatt Papier und schreiben Sie all Ihre materiellen Wünsche darauf.

Zum Beispiel:

- Ein größeres Haus
- Eine Digitalkamera
- Ein moderneres Handy
- Ein neues Sofa
-
-
-
-
-
-
-
-
-
-
-
-
-
-
-

Und nun nehmen Sie sich die Liste noch einmal vor und kreisen die Dinge ein, die Sie gerne kaufen wollen, weil Sie sie in der Werbung gesehen haben oder weil »alle so etwas haben«.

-
-
-
-
-
-
-
-

Sie werden möglicherweise überrascht sein, wie hoch der Prozentsatz der Dinge ist, die Sie kaufen wollen, obwohl für Sie nicht wirklich und unmittelbar die Notwendigkeit besteht, diese Dinge zu besitzen - nur deswegen, weil Sie durch geschicktes Marketing dazu aufgefordert werden.

Könnten Sie einen Weg finden, darauf zu verzichten oder stattdessen etwas zu benutzen, das Sie schon haben?

In der Tat treibt uns die Jagd auf Geld und Objekte in ein endloses Streben, bei dem wir nie genug bekommen, denn wir wollen immer noch mehr Technologien, Fortschritt, Dienstleistungen, Hobbys, Auswahlmöglichkeiten ...

Die Dreißig-Tage-Liste

In ihrem Buch »In Einfachheit leben«[3] empfiehlt Elaine Saint James eine Übung, die uns hilft, Kaufzwängen zu widerstehen. Die Übung besteht darin, einen Monat lang nur noch Lebensmittel zu kaufen. Sie dürfen jedoch auch eine andere Dauer festlegen.

Während dieses Zeitraums sind Sie aufgefordert, alles, was Sie normalerweise gekauft hätten, peinlich genau aufzuschreiben. Wenn Sie am Ende der auferlegten Verzögerung etwas immer noch haben wollen und meinen, das betreffende Objekt sei tatsächlich für Sie von Nutzen, dürfen Sie es kaufen.

Höchstwahrscheinlich erinnern Sie sich aber noch nicht einmal, warum Sie diese Sache überhaupt haben wollten!

<u>Folgende Dinge möchte ich gerne kaufen:</u>

–

–

–

–

–

–

3 Elaine Saint Jacques: *In Einfachheit leben. 100 Schritte zu mehr Lebensfreude.* Goldmann 1998.

Der Weihnachtsmann-Wunschzettel

Jetzt, da Sie sich selbst nicht mehr mit Gegenständen überhäufen, wird es Zeit, anderen mitzuteilen, dass auch sie Sie nicht mehr mit Dingen überschütten sollen. Feste und Geburtstage sind sehr oft Gelegenheiten, bei denen wir mit scheußlichen, platzraubenden, schlecht gewählten und nutzlosen Geschenken bedacht werden, die obendrein nur geschenkt wurden, »weil es sich so gehört«, ohne dass die Person, die das Geschenk gekauft hat, Freude dabei empfunden hätte. Ihre Angehörigen werden sehr froh sein, Ihnen nun etwas schenken zu können, das Ihnen wirklich gefällt. Hier nun ein Raum, um über solche nicht materiellen Geschenke nachzudenken, die Sie glücklich machen:

Lieber Weihnachtsmann,

hier mein Wunschzettel für dieses Jahr.

Ich hätte gerne ...

- einen ruhigen Tag für mich (ohne Kinder und Lebensgefährten)
- ein Candlelight-Dinner mit meinem/r Liebsten
-
-

Goldene Regeln

Hier eine Zusammenfassung der wichtigsten Punkte, eine Gedächtnisstütze, die uns daran erinnert, welche sinnvollen Fragen wir uns stellen und welche Einstellung wir der Konsumgesellschaft gegenüber einnehmen können.

1. Beginnen Sie mit einer Bestandsaufnahme Ihres Lebens: Wo verlieren Sie Energie?
2. Beschließen Sie, dann zu beginnen, wenn Sie gut gelaunt sind.
3. Seien Sie bescheiden: Gehen Sie stets so vor, dass Sie sich vom Kleinsten zum Größten, vom Einfachsten zum Kompliziertesten bewegen.
4. Behalten Sie das, was Ihnen etwas bedeutet, was Sie schön finden. Werfen Sie das weg, was Sie einfach nur hinnehmen, was Ihnen den Blick und den Geist verstellt.
5. Definieren Sie, was genug für Sie ist.
6. Analysieren Sie Ihre Kaufmotivation.
7. Ergreifen Sie Schutzmaßnahmen, damit Sie sich nicht erneut mit Dingen überladen.
8. Akzeptieren Sie, dass es Zeit braucht.
9. Lernen Sie, Überflüssiges und Platzraubendes von anderen abzulehnen.
10. Keine Angst: An wesentlichen Dingen wird es Ihnen nie mangeln!

Die Bibliothek der guten Gefühle

Aus dem Französischen von Claudia Seele-Nyima
Illustrationen von Jean Augagneur
64 Seiten, broschiert

Yves-Alexandre Thalmann
Das kleine Übungsheft
Endlich frei von Schuldgefühlen
ISBN 978-3-941837-72-0

Anne van Stappen
Das kleine Übungsheft
Grenzen setzen - Nein sagen
ISBN 978-3-941837-73-7

Anne van Stappen
Das kleine Übungsheft
Selbstliebe
ISBN 978-3-941837-68-3

Odile Lamourère
Das kleine Übungsheft
Freunde gewinnen und bessere Beziehungen führen
ISBN 978-3-941837-70-6

Marc de Smedt
Das kleine Übungsheft
Meditationen für jeden Tag
ISBN 978-3-941837-69-0

Xavier Cornette de Saint Cyr
Das kleine Übungsheft
Verborgene Talente entdecken
ISBN 978-3-941837-52-2

Rosette Poletti / Barbara Dobbs
Das kleine Übungsheft
Selbstbewusstsein
ISBN 978-3-941837-54-6

Yves-Alexandre Thalmann
Das kleine Übungsheft
Glückstraining
ISBN 978-3-941837-49-2

Rosette Poletti / Barbara Dobbs
Das kleine Übungsheft
Loslassen
ISBN 978-3-941837-53-9

Ilious Kotsou
Das kleine Übungsheft
Emotionale Intelligenz
ISBN 978-3-941837-50-8

Yves-Alexandre Thalmann
Das kleine Übungsheft
Optimismus
ISBN 978-3-941837-51-5

www.trinity-verlag.de